AI

S VERS FRANÇAIS

IN PREMIERS

# PSAUMES DE DAVID.

## Publié au profit des Pauvres.

PRIX : **50** CENTIMES.

PARIS.
CH. DOUNIOL, ÉDITEUR,
Rue de Tournon, 29, au bureau du Correspondant,
recueil périodique.

CAMBRAI.
LIBRAIRIE ADOLPHE HATTU,
Grand' Place.

1854

TRADUCTION

# DES VINGT-UN PREMIERS PSAUMES

## DE DAVID.

# ESSAI

## DE TRADUCTION EN VERS FRANÇAIS

### DES VINGT-UN PREMIERS

# PSAUMES DE DAVID.

—

## PUBLIÉ AU PROFIT DES PAUVRES.

—

PRIX : **50** CENTIMES.

**PARIS.**
CH. DOUNIOL, ÉDITEUR,
Rue de Tournon, 29, au bureau du Correspondant,
recueil périodique.

**CAMBRAI.**
LIBRAIRIE ADOLPHE HATTU.
Grand' Place.


1854

*Voici un essai de traduction en vers
des vingt-un premiers Psaumes de David.
Le traducteur ne s'est proposé d'autre
but que d'engager ceux qui le liront à
étudier un texte, dont il a si imparfaite-
ment rendu les sublimités.*

# PSAUMES DE DAVID.

## LIVRE PREMIER.

## Psaume I.

### PARALLÈLE DU JUSTE ET DE L'IMPIE.

1. Heureux l'homme de bien qui, ferme en sa candeur,
Ne s'est point égaré sur les pas du pécheur !
Sa main ne trempe pas dans les horreurs du vice,
Dans les complots de l'injustice.

2. Mais, plaçant son amour dans la loi du Seigneur,
Il la médite en paix, jour et nuit, dans son cœur :
La loi de Dieu l'éclaire, elle embrase son âme
De son impérissable flamme.

3. Tel fleurit, au milieu des plus riants coteaux,
Un arbre toujours vert, dont les puissants rameaux
Couvrent les rejetons produits de sa nature,
Au bord d'une eau courante et pure.

4. Tel n'est point le pécheur dans son iniquité ;
Il ne vit que de mal et de perversité ;

Et, tout gonflé d'orgueil, par l'effet de son crime
Il est suspendu sur l'abîme.

5. Semblable au brin de paille emporté par le vent,
Il s'élève sans cesse et tombe à chaque instant;
Mais lorsqu'arrive enfin le jour de la justice,
Il roule au fond du précipice.

6. Dieu protége le juste, il sait le rendre fort :
Le chemin du pécheur mène droit à la mort.

# Psaume II.

### RÉVOLTE DES NATIONS. — RÈGNE DU CHRIST SUR TOUT L'UNIVERS.

1. 2. D'où viennent ces rumeurs parmi les nations?
    Quels sont ces vains projets de conjurations?
    Au Seigneur, à son Christ, les puissants de la terre,
        Les rois ont déclaré la guerre.

3. Dans leur rage ils ont dit : « Non, jamais à genoux,
    » Nous ne les supplierons; pour terminer nos peines,
    » Que leur joug odieux ne pèse plus sur nous;
        » Sans hésiter brisons leurs chaînes. »

4. 5. Celui qui trône au ciel se rit de leur fureur.
    Tremblez! il va parler dans sa sainte colère;
    Sa voix vous surprenant comme un coup de tonnerre,
        En vous portera la terreur.

6. 7. Moi, je règne en son nom sur sa montagne sainte,
    J'y proclame sa loi, j'en inspire la crainte;
    Aujourd'hui, vous mon fils, m'a dit Dieu mon Seigneur,
        Je vous engendre dans mon cœur.

8. Demandez-moi sans crainte, et pour votre héritage
    Je vous accorderai l'univers sans partage;
    Au moindre de vos vœux j'assure mon concours;
        Il vous est acquis pour toujours.

9. Ainsi que le potier sur un axe mobile
    Pétrit facilement une coupe d'argile;

Ainsi vous formerez sur un pivot d'acier
Un peuple uni du monde entier.

10. 11. Comprenez donc, ô Rois! Dans une foi sincère
Devenez érudits, vous qui jugez la terre!
Soyez heureux en Dieu dans de saints tremblements;
Remplissez ses commandements.

12. Pour obtenir le don de sa grâce divine,
Adorez le Seigneur. De peur que vos péchés
Au jour du jugement ne vous soient reprochés,
Formez-vous dans sa discipline.

13. En vous, ô suprême Bonté,
La foi, l'amour et l'espérance
Nous font savourer à l'avance
L'éternelle félicité.

# Psaume III.

## CONFIANCE DU JUSTE PERSÉCUTÉ.

1. 2. De mes persécuteurs que la foule est immense !
Que d'ennemis, Seigneur, s'élèvent contre moi,
Me criant : « En ton Dieu point de salut pour toi,
Tu vas subir notre vengeance. »

3. 4. Mais je saurai, mon Dieu, si bien vous supplier ;
En votre divin Nom je me plais tant à croire,
Que vous me couvrirez, Seigneur, de votre gloire,
Que vous serez mon bouclier.

5. Arrière le sommeil, la lourde somnolence !
Debout ! Je ne crains plus ni l'enfer, ni la mort ;
Le Seigneur d'Israel, Jéhovah, le Dieu fort,
Me communique sa puissance.

6. 7. Tremblez, ennemis orgueilleux,
Le Seigneur m'a prêté sa lance ;
Cessez vos cris, silence !
J'ai pour moi le Maître des cieux.
Mais comme un horrible tonnerre,
Leurs blasphèmes affreux
Ont ébranlé la terre.

Ils marchaient contre moi, ces ennemis ardents ;
Mais Dieu, relevant mon courage,
A sauvé mes jours de leur rage ;
Le Seigneur a brisé leurs dents.

1*

8.
En vous, le salut, la victoire,
En vous, Dieu tout-puissant, la gloire,
Sur nous la jubilation
De votre bénédiction!

# Psaume IV.



1. 2.
    J'ai prié : le Dieu de justice
    A mes vœux s'est montré propice.
    Pendant ma tribulation,
    Il a dilaté ma poitrine;
    Écoutez, ô bonté divine,
    Ma voix, ma supplication.

3.
    Jusques à quand, enfants des hommes,
    De glace pour la vérité,
    Courrez-vous après des fantômes,
    Le mensonge et la vanité?

4.
    Apprenez qu'au sein de la gloire
    L'élu du Seigneur est placé;
    Que s'il demande la victoire,
    Il est aussitôt exaucé.

5.
    Entrez dans de saintes colères,
    Mais abstenez-vous de pécher,
    Pour approfondir vos misères,
    Empressez-vous de rechercher
    La source des fautes passées,
    Dans l'abîme de vos pensées

6.
    Réfléchissez-y chaque soir,
    Offrez à Dieu le sacrifice
    De l'impérissable justice;
    Mettez en lui tout votre espoir.

7.    Pressé d'une idée importune,
L'homme court après la fortune ;
Mais pour mon âme et pour mon cœur,
Le plus ineffable bonheur
Me vient du feu de votre face,
Des purs rayons de votre grâce.

8.    L'homme avide n'aimant que l'or,
S'est fait un immense trésor
Avec le blé, le vin et l'huile,
Riches présents d'un sol fertile.

9.    Mais pour moi le plus chaste feu
Me ravit dans le sein de Dieu.
Là, loin des peines, des secousses,
Les jouissances les plus douces
Me font adorer les bienfaits
Du Dieu d'amour, du Dieu de paix.

10.    J'ai mis en vous mon espérance,
Seigneur, et votre vérité
Sera ma douce récompense
Dans le temps et l'éternité.

# Psaume V.

## PUNITION DE L'IMPIE.

1. 2.    Ecoutez mes gémissements,
        Mon Dieu, regardez ma misère ;
        Prenez en pitié mes tourments,
        Daignez exaucer ma prière.

3. 4.    Plein d'amour pour la vérité,
        J'entre dans votre sanctuaire ;
        J'attends, je crois, en vous j'espère :
        Vous n'aimez pas l'iniquité.

5.    Jamais auprès de vous l'impie
        Ne s'établira dans la vie.
        L'éclair qui jaillit de vos yeux
        Anéantira l'orgueilleux.

6. 7.    Selon vos décrets, qu'il périsse !
        Frappez la perfide injustice.
        Mon Dieu, vous avez en horreur
        L'homme de sang et l'imposteur.

8.    Le feu sacré qui me dévore
        M'a conduit en vos saints parvis ;
        Je tremble, je crains et j'adore ;
        En vous tous mes sens sont ravis.

9.    Dans les sentiers de la justice
        Guidez mes pas mal affermis ;
        Pour confondre mes ennemis
        Que votre sentier s'aplanisse.

10. 11.    Leur bouche est un sépulcre ouvert ;
Leur langue est pleine d'artifice ;
Leur cœur est un vaste désert.

12.    Seigneur, exterminez leurs crimes ;
Du haut de leurs iniquités,
Qu'ils s'écroulent dans les abîmes !
Ne se sont-ils pas révoltés ?

13.    Mais que ceux dont les cœurs fidèles
Mettent en vous tout leur espoir,
Goûtent à l'ombre de vos ailes
Le divin bonheur de vous voir !

14.    En nous Dieu fera sa demeure ;
Il bénit le juste à toute heure ;
Il l'inonde de sa clarté
Dans le temps et l'éternité.

15.    Dieu puissant, Dieu de ma victoire,
Votre Saint verra votre gloire ;
Pour qu'il revive au dernier jour,
Vous l'avez couronné d'amour.

# Psaume VI.



1. 2. 3. 4.  Ne me châtiez point, Seigneur,
Ne me reprenez pas, au jour de la rigueur.
Pitié ! guérissez-moi, mon Dieu, je suis débile,
Je souffre jusqu'aux os dans mon être fragile,
Le trouble est dans mon âme et l'effroi dans mon cœur.
Mon Dieu, jusques à quand ?.. Rendez-moi votre grâce,
Vous le Dieu fort, vous le Dieu bon !
Que mon iniquité s'efface
Devant votre pardon.

5. La mort, de vos bienfaits, n'a nulle souvenance,
Et le tombeau ne sait pas célébrer
Votre grandeur, votre magnificence.

6.  Je suis fatigué de pleurer ;
Mon lit, toutes les nuits, est baigné de mes larmes.
Dans l'angoisse et dans les alarmes,
Qu'à toute heure du jour il me faut dévorer,
Je sens mon cœur se déchirer.

7. La douleur qui m'étreint et brise mon courage,
Couvre mes yeux d'un noir nuage.
Je me sens défaillir, nuit et jour je gémis
Au milieu de mes ennemis.

8. Éloignez-vous de moi, vous traîtres, vous infâmes,
Qui corrompez, perdez les âmes.

9.       Le Seigneur a comblé mes vœux ;
Je suis sauvé, je suis heureux ;
Le doux parfum de ma prière
A pénétré son sanctuaire.

10. Tremblez, pervers, voici l'extermination ;
Qu'un froid mortel à vos fronts monte ;
Périssez tous de honte
Et de confusion !

# Psaume VII.

LE JUGEMENT DERNIER. — DIEU EST PATIENT PARCE QU'IL
EST ÉTERNEL.

1. En vous, Seigneur mon Dieu, j'ai mis mon espérance ;
Mes ennemis se sont ligués contre ma foi ;
Accordez-moi ma délivrance,
De leurs embûches sauvez-moi !

2. De peur que, furieux, le lion ne rugisse,
Qu'il n'attaque mon âme et qu'il ne la ravisse.
Sous sa dent je mourrai broyé,
Si je n'ai le secours propice,
O mon Dieu, de votre pitié.

3. 4. 5. Si j'ai rendu le mal pour le mal à l'impie,
Si mes mains ont trempé dans son iniquité,
Je ne suis plus qu'inanité ;
Qu'il foule sous ses pieds et ma gloire et ma vie !

6. 7.　　Mais apparaissez-nous, Seigneur,
Dans votre éclatante splendeur ;
Imprimez dans notre mémoire
Les saints décrets de votre gloire ;
Mes ennemis disparaîtront ;
Et sur-le-champ s'assembleront
Vos populations fidèles,
Pour suivre vos lois éternelles.

8. Seigneur, vous qui jugez les peuples et les rois,
Vous viendrez me juger selon mon innocence,
     Selon l'équité de vos lois;
Aux méchants vous ferez sentir votre puissance.

9. 10. Que leur impiété dévore les pécheurs;
Seigneur, vous qui sondez et les reins et les cœurs,
Vous donnez à chacun sa digne récompense,
Et traitez votre Juste avec munificence.

11.          En Dieu j'aime à me confier;
               Il met mon cœur fidèle
               A l'abri de son aile;
               Il est mon bouclier.

12.          Car il viendra punir le vice :
             C'est un juge plein de justice,
             Fort, patient dans son amour
             Si peu connu sur cette terre.
             Pécheurs, arrêtez!... sa colère
             Ne croît-elle pas chaque jour?

13. Il en est temps encor, demandez votre grâce;
Mais si vous dédaignez un généreux pardon,
               Appréhendez que Dieu n'efface
               Dans sa justice votre nom.

14.          Tremblez! il aiguise son glaive,
             Il tend son arc, il le soulève;
Son carquois est rempli des instruments de mort;
Il va faire pleuvoir sur vos têtes tremblantes
Le fléau dévorant de ses flèches brûlantes;
             Redoutez les coups du Dieu fort.

15. 16. Le méchant a conçu le mal et l'injustice,
Et ses flancs douloureux ont bientôt enfanté
               Le mensonge et l'iniquité,

Qui creusent sous ses pieds un affreux précipice :
Il y tombe aussitôt avec rapidité.

17.        Le poids de son impiété
        Sera son éternel supplice.

18.        Gloire éternelle à mon Sauveur,
        Gloire à sa puissante justice !
        J'invoquerai son nom propice,
        Je le bénirai dans mon cœur.

# Psaume VIII.

**MAJESTÉ DE DIEU. — DIGNITÉ DE L'HOMME.**

1.       O mon Dieu, sur toute la terre,
Quelle est de votre Nom l'adorable grandeur!
       En tous lieux on en révère
L'impérissable éclat, l'éternelle splendeur.

2.       Seigneur, votre gloire est immense;
Dans l'océan des airs, par dessus tous les cieux
       Trône votre magnificence;
Ses sublimes rayons éblouissent les yeux.

3.  Le nouveau-né, l'enfant encore à la mamelle,
       Gazouillant son premier mot d'amour,
Dit de votre saint Nom la puissance immortelle,
       A toute heure du jour,
       Afin que dans son innocence
       Il fasse taire la vengeance,
       Et force l'homme devant vous,
       Seigneur, à ployer les genoux.

4. 5.       Lorsque dans votre ciel sans voiles,
       Je considère les étoiles
       Et l'astre des nuits que vos mains
       Ont affermis dans leurs chemins,
Je dis : Qu'est-ce que l'homme et quel est son mérite!
       Pour obtenir le souvenir de Dieu?
Quel est le fils de l'homme en son infime lieu
       Pour que le Seigneur le visite?

6.
De gloire et d'un céleste honneur
Vous l'avez couronné, Seigneur;
Afin qu'il chante vos louanges,
Vous l'avez rapproché des Anges.

7. 8.
Les œuvres de votre grandeur
Sont soumises à son empire;
Il règne en souverain sur tout ce qui respire;
Vous, avez placé sous ses lois
Et les troupeaux des champs et les hôtes des bois,
Et les oiseaux du ciel et les poissons de l'onde.

9.
De votre divin Nom, Seigneur,
Sur toute la face du monde
Quelle est l'adorable splendeur!

# Psaume IX.

## PUNITION DES MÉCHANTS.

1.
De tout mon cœur je vous louerai,
Seigneur, et je raconterai
    De vos dons adorables
    Les douceurs ineffables.

2.
Je célébrerai votre nom;
Ma reconnaissante allégresse
En vous éclatera sans cesse,
En vous le Très-Haut, le très bon.

3.
    Le feu de votre face
A renversé mes ennemis;
Sous mes pieds vous les avez mis;
    Votre justice efface
Leur nom du nombre des vivants.

4.
Que les traits de votre sentence
A tous les yeux sont éclatants!
Dans votre suprême puissance,
Assis sur votre firmament,
O vous qui jugez la justice,
Vous prononcez le jugement,
De mon bonheur source propice.

5.
Voici venir votre courroux;
Que l'univers tombe à genoux;

Vous allez, confondant l'impie,
L'effacer du livre de vie.

6. Assez et trop longtemps il a commis le mal;
Ses villes, ses trésors, le fruit de ses rapines,
Son renom... à grand bruit tout s'écroule en ruines;
Le Seigneur s'est assis sur son saint tribunal.

7. 8.
A ses promesses Dieu fidèle,
Jugera dans sa majesté,
Au sein de sa gloire éternelle,
Les peuples selon l'équité.

9.
Le Seigneur du pauvre est l'asile;
Les malheureux en lui
Trouvent dans le jour difficile
Un consolant appui.

10.
Ceux qui connaissent sa puissance
En lui mettent leur espérance.
Non, Dieu n'abandonnera pas
Les saints dont il conduit les pas.

11.
Chantez la gloire incomparable
Du Dieu qui règne dans Sion.
Dites à chaque nation
Combien son œuvre est admirable.

12.
Du pauvre le sang répandu
Demande une juste vengeance,
Car le Seigneur a défendu
D'opprimer la sainte innocence.

13.
Lorsque vous verrez où m'ont mis,
Seigneur, mes cruels ennemis,
Vous me donnerez la victoire,
Pour que j'annonce votre gloire
Aux portes de Sion.

15.        Le bien que votre main m'envoie,
En mon cœur plein d'émotion,
Épanche l'abondante joie
De votre bénédiction.

16.        L'impie est tombé dans le piége
Tendu par sa fureur au juste qu'il assiége;
En accomplissant ses desseins,
Dieu bientôt se fera connaître;
Les pervers, confessant enfin qu'il est leur Maître,
Périront enlacés dans l'œuvre de leurs mains.

18. Avec les nations au Seigneur infidèles,
Dans l'effrayant torrent des douleurs éternelles,
Dans les feux de l'enfer ils seront submergés.

Venez, Seigneur, que la puissance
Des perfides pécheurs contre vous insurgés
Ne s'affermisse pas; que, par votre sentence,
Tous les peuples enfin devant vous soient jugés.

21.        Dans leur cœur que votre crainte
Soit profondément empreinte;
Qu'ils aient un législateur;
Qu'ils apprennent enfin, Seigneur,
Qu'éphémères enfants de la terre où nous sommes,
Ils ne sont que des hommes.

# Psaume X (selon les Hébreux).

## AVEUGLEMENT ET PERVERSITÉ DES PÉCHEURS.

1.
    Pourquoi, Seigneur, pourquoi
    Vous retirer de moi,
M'abandonner dans ma détresse?

2.
Avec un orgueil insolent,
L'impie étale sa richesse;
Le pauvre, délaissé, tremblant,
Marche de souffrance en souffrance;
Mais chacun d'eux dans ce qu'il pense
Poursuit un fantôme, une erreur.

3.
Le méchant vit dans le bonheur;
L'impie est exalté; l'avare
Méprise, irrite le Seigneur;
Un désir insensé l'égare.

4.
Le pécheur, l'arrogance au front,
Du Seigneur niant la puissance,
Lui prodigue affront sur affront;

5. 6.
Sa voie est pleine de douleurs;
Il court de terreurs en terreurs;
Les motifs de votre sentence
Lui sont inconnus; son dédain
Raille l'Élu de votre main,

7.

Il a dit en lui-même :
« Je veux être mon tribunal ;
   » Dans ma force suprême,
» Des miens j'écarterai le mal. »

8, 9.

Sa bouche pleine d'insolence
Vomit la malédiction ;
L'amertume et la pestilence
En travail de perdition
Meuvent sa langue douloureuse.
Dans une embûche ténébreuse,
Pour assassiner l'innocent,
Il se cache avec le puissant.

10. Ainsi que, frémissant d'une farouche joie,
Le lion, de son antre, observe, attend sa proie ;
Ainsi, loin des regards se blottit le pécheur,
Pour frapper l'innocent, que guette sa fureur.

11. 12.

Il retient son souffle impie ;
Ses yeux sont fixes ; il épie
Le moment de le saisir.
Il l'a saisi ! Dans son piége,
Ivre d'un fauve plaisir,
Il l'enlace, il l'abat de sa main sacrilége ;
Et tandis qu'à loisir sa voix
Insulte à son agonie,
Il le brise avec furie,
Il l'écrase de tout son poids.

13.

Il dit : « Dieu n'a souvenance
  » Ni du mal, ni du bien ;
» Trop haut il place sa puissance
  » Pour en savoir jamais rien. »

14. Levez-vous, ô mon Dieu, que votre amour entende
Le cri des opprimés, et dans votre bonté,
Que sur eux votre bras s'étende !

15. Pourquoi donc le pécheur vous a-t-il irrité?
C'est qu'il s'est dit dans son iniquité :
« Non, dans mon cœur, profond abîme,
» Jamais Dieu ne pourra reconnaître mon crime. »

16. 17. Mais sur l'iniquité vos regards sont ouverts;
Seigneur, vous frapperez à la fin ces pervers;
Car vous, de l'orphelin, le défenseur fidèle,
Vous viendrez le sauver, le placer sous votre aile.

18. Dans votre trop juste fureur,
Brisez la force du pécheur;
Détruisez ses forfaits, sa race,
Que nul n'en retrouve la trace.

19. O Roi des temps et de l'éternité,
Vous bannirez de votre saint domaine
Les peuples dont l'iniquité
N'enfanta jamais que la haine.

20. Le Très-Haut accueille en son cœur
Les vœux de son pauvre fidèle;
Touché de son humble douceur,
De sa constance, de son zèle,
Il le couronne, au dernier jour,
De sa paix et de son amour.

21. Vous ferez triompher la timide innocence,
O Seigneur, Roi des cieux,
Pour imposer silence
Aux hommes orgueilleux.

# Psaume X.

## CONFIANCE EN DIEU.

1.  L'amour de mon Dieu m'accompagne,
J'ai confiance en mon Sauveur ;
Pourquoi me dire avec frayeur :
Fuis, passereau, vers la montagne.

2.  Voilà que le méchant
Dans l'ombre se cachant,
L'arc à la main, au juste a déclaré la guerre.

3.  Quand la justice même a péri sur la terre,
Que fait le juste, et quel est son dessein ?

4.  Dieu réside en son temple saint ;
Il trône dans le ciel : sa gloire
Du pauvre garde la mémoire ;
Dieu le place devant ses yeux ;
Et du plus haut des cieux,
Ses regards foudroyants, sur la terre où nous sommes,
Interrogent l'orgueil des vains enfants des hommes.
Il méconnaît sa providence.

5.  Le Seigneur jugera le juste et le pécheur
Ceux qui commettent l'injustice,
Seront les ouvriers de leur propre malheur.
Déjà s'apprête leur supplice,
Car au moment où Dieu viendra les visiter,
Ils boiront l'amertume en un affreux calice.
Dieu va précipiter

Sur leurs coupables têtes
Le feu, le soufre et le vent des tempêtes.

O, Le Seigneur est très juste, il aime l'équité ;
Il sauvera celui qui vit de vérité.

### CORRUPTION DES HOMMES.


1. 2. 3.   Sauvez-moi, Dieu puissant, on ne voit plus de saints ;
     La vérité s'en va du milieu des humains.
     L'orgueil remplace Dieu ; la vanité les trouble ;
     Leur langue va mentir : ils ont tous le cœur double.
     Vous confondrez, Seigneur, le fourbe dans ses vœux,
          Vous humilierez l'orgueilleux.

4.   Ils ont dit, tout gonflés d'une vanité folle :
     « Glorifions nos cœurs, vantons notre parole.
     » Parler, cela suffit : A nous toute grandeur !
     » Nos lèvres sont à nous : Où donc est le Seigneur ? »

5.   Mais le Seigneur m'a dit : « La mesure est comblée,
      » Je serai ton libérateur.
     » Depuis assez longtemps ton âme est accablée
      » Par l'angoisse et par la douleur.

6.   » Puisqu'en moi tu plaças toujours ton espérance,
      » Je mettrai fin à ta souffrance. »

7.      Vrai, chaste et pur est le Verbe de Dieu ;
     Tel est l'argent éprouvé par le feu.

8.      Que Dieu nous dirige en sa voie,
     Et nous ne serons plus la proie
     De l'imposteur, de l'insensé.

9.

L'impie en son crime enlacé,
Vain jouet d'un délire extrême,
Tourne sans cesse sur lui-même
Dans le cercle qu'il s'est tracé.
Mais vers le ciel, Seigneur, votre toute-puissance
Découvre à vos Élus une carrière immense.

# Psaume XII.

SOUPIRS D'UNE AME ABANDONNÉE.

1. Jusques à quand, Seigneur, me laissant dans l'oubli,
      Me priverez-vous de la grâce
      De voir les traits de votre face ?

2.      Jusques à quand triste, affaibli,
      Au doute affreux qui me dévore,
      Supplice éternel de mon cœur,
      M'abandonnerez-vous, Seigneur?

3.      Verrai-je bien longtemps encore
      Le pécheur s'élevant sur moi,
      Dieu puissant, m'imposer sa loi?

4. Regardez-moi, Seigneur, exaucez ma prière !
   Pour ne pas m'endormir du sommeil de la mort,
   Faites luire à mes yeux votre douce lumière.

5. Sinon mon ennemi paraîtrait le plus fort ;
   Il m'anéantirait s'il avait la victoire ;
      Mon Dieu, j'espère en votre gloire

6.      Dans l'espoir de votre salut,
      Mon âme tressaille de joie.
      Plein d'ardeur pour son noble but,
   Je dirai le bonheur de votre sainte voie ;
   Je chanterai le Nom très haut, très glorieux,
      Du Dieu miséricordieux.

———

# Psaume XIII.

## L'IMPIÉTÉ.

1. «Non, Dieu n'existe pas; non, Dieu n'est qu'une erreur,»
   A dit l'insensé dans son cœur.

2. Ils se sont pervertis; leurs cœurs abominables
   Ont enfanté des désirs effroyables.
   Non, il n'est pas un d'eux qui pratique le bien;
   Il n'en est pas un seul; ils font le mal ou rien.

3. Qui s'enquiert de mon Dieu, de sa haute sagesse?
   Personne; et cependant Dieu se montre sans cesse.

4. Non, il n'est pas un d'eux qui pratique le bien;
   Tous se sont égarés; ils font le mal ou rien.

5. Leur gorge est un tombeau; le venin qui la ronge
   A leur langue transmet le poison du mensonge.

6. Ils vomissent le fiel, la malédiction;
   Leurs bras versent le sang avec profusion.

7. La vengeance et le mal absorbent leur pensée
   Et du Seigneur en eux toute crainte est passée.

8. Tous ces rongeurs du peuple en leur iniquité
   N'apprendront-ils jamais quelle est la vérité?

9. Après avoir bravé le Maître de la terre,
   Ils s'épouvanteront devant une chimère.

10. Mais le Seigneur se plait parmi les innocents;
Pécheurs, ne raillez pas leurs soins reconnaissants.

11. Voici venir Celui que le ciel nous envoie;
Jacob sera rempli d'allégresse et de joie;
Le Seigneur a fini notre captivité.
Gloire à Dieu dans le ciel pendant l'éternité !

# Psaume XIV.

L'INNOCENCE.

1. Qui s'asseoira, Seigneur, à votre table sainte ?
   Qui se reposera dans votre douce enceinte ?

2. L'Élu de votre main qui, dans le droit sentier
        Marche sans jamais dévier ;
   Celui qui, revêtant la robe immaculée,
   Fait régner la justice au sein de l'assemblée.

3. La vérité toujours habite dans son cœur ;
        Son discours n'est jamais trompeur.

4. 5. Heureux par dessus tout du bonheur de son frère,
   Il écarte de lui l'injure et la douleur ;
   Il honore celui qui craint Dieu sur la terre ;
        Son aspect confond le pécheur.

6. Pour son prochain toujours sa parole est sacrée ;
   De son cœur généreux l'usure est ignorée ;
   Il assiste le pauvre, et contre l'innocent
        Il n'accepte pas de présent.

7. Qui saura pratiquer une telle sagesse,
   Près de Dieu jouira d'une sainte allégresse.

# Psaume XV.

## BONHEUR DE L'INNOCENCE.

1. 2.
Parce qu'en vous j'ai mis ma foi,
Seigneur mon Dieu, secourez-moi.
Que feriez-vous de ma richesse ?

3.
Je la donne avec mon amour
Au juste qui dans sa sagesse,
Sur le sol de votre promesse
A fixé son pieux séjour.

4. 5. Que l'impie, amassant et souffrance et misère,
Vers les Dieux étrangers précipite ses pas,
A ses festins sanglants je ne m'assœirai pas.
A son détestable mystère
Loin, bien loin de m'associer,
Mes lèvres sauront toujours taire
Son nom que je veux oublier.

6.
Mais vous, l'Auteur de ma justice,
Vous êtes ma part de bonheur,
Mon pain, le vin de mon calice ;
C'est vous qui conservez, Seigneur,
Mon héritage de délice.

7. Le cordeau dans des lieux de beauté rayonnants
A mesuré la part de mon riche domaine ;
Elle s'étend dans une plaine
Qu'entourent des côteaux riants.

8.
    Gloire à mon Dieu dont la lumière
    Durant la nuit m'a consolé.
    Sa vue affermit ma paupière,
    Je ne serai point ébranlé.

9. 10. 11.
    Du Seigneur cherchant la présence,
    Mes yeux l'adorent chaque jour
    Dans les dons de sa Providence.
    Saisi d'un véritable amour,
    Mon cœur savoure l'espérance
    Qu'après un repos plein de paix
    Mon corps revivra pour jamais.

    Seigneur, au chemin de la vie,
    Dirigée en votre bonté,
    De bonheur mon âme est ravie
    En vous, pendant l'éternité.

# Psaume XVI.

### PRIÈRE DE L'INNOCENCE.

1. 2. 3.    Seigneur, écoutez ma prière,
Elle est d'un cœur humble et sincère.
Pesez, jugez mon équité ;
Votre sublime vérité
Fera triompher ma justice.

4.    Sans le convaincre de malice,
Vous avez visité mon cœur ;
Malgré l'épreuve du malheur,
Jamais les œuvres d'injustice
N'ont laissé de traces en moi.

5.    Sans pouvoir ébranler ma foi,
L'impie a vomi son blasphème ;
Aux doux accents de votre voix,
J'ai su porter ma peine extrême.

6. 7.    Que je trouve un guide en vos lois,
De peur que mon pied ne chancelle !
Seigneur, mon Dieu, je vous appelle ;
Par votre esprit consolateur,
Daignez adoucir ma douleur.

8.    Abritez sous votre clémence
Tous ceux qui n'espèrent qu'en vous ;
Et faites ployer les genoux
Aux orgueilleux dont l'arrogance
A mérité votre courroux,

9. 10. 11.

Gardez-moi comme les prunelles!
Bientôt à l'ombre de vos ailes,
Je détruirai vos ennemis.
D'un piége ténébreux, infâme,
Croyant que tout leur est permis,
Ils ont environné mon âme.

12. 13.

Pour flétrir, attrister mes jours,
L'orgueil parle en tous leurs discours.
Ils se sont tapis sur la terre,
Les yeux baissés, à la manière
Des lions et des lionceaux
Qui vont massacrer les troupeaux.

14.

De leur inique barbarie,
Seigneur, arrêtez la furie;
Brisez leur orgueilleux dédain;
Arrachez mon âme à l'impie
Qui n'existera plus demain.
Au bras qui contre vous s'élève
Seigneur, reprenez votre glaive.

15. 16.

Rejetez l'impie au dehors;
Sa bouche absorbe vos trésors.
A ses descendants il ne laisse
Qu'une criminelle richesse.

17.

Pour moi, revêtu d'équité,
Seigneur, j'attends votre victoire;
Au sein de votre vérité,
Je contemplerai votre gloire.

# Psaume XVII.



LES SOUFFRANCES DU JUSTE ET LA JUSTICE DE DIEU.

1. 2. 3. Je vous aime, ô mon Dieu, vous êtes ma vigueur,
   Mon appui, mon refuge et mon libérateur.
   Le Seigneur me protége, il est mon espérance ;
   Il veille sur mes jours, son bras prend ma défense.
   Je louerai mon Sauveur : il vient, il m'entendra,
     Il me délivrera.

5. 6. 7. Les douleurs de la mort me pressent, m'environnent ;
   Dans les torrents du mal les méchants m'abandonnent ;
   Les horreurs de l'enfer me tiennent assiégé ;
   De ses brûlantes eaux je me sens submergé.
   J'ai poussé vers mon Dieu, dans l'effroi qui me presse,
     De longs cris de détresse.

8. 9. Le Dieu puissant du ciel daigne entendre ma voix.
   Pour me rendre la vie il fait régner ses lois ;
   Tremblez, pécheurs, fuyez, appréhendez sa vue.
   La terre tout-à-coup sur sa base est émue ;
   La plaine s'est levée et les monts ont tremblé ;
     L'enfer est ébranlé.

10. 11. Sa colère a produit une épaisse fumée ;
 12. Du feu de ses regards la terre est allumée ;
   Sur les cieux abaissés son bras est étendu ;
   Un nuage se tient sous ses pieds suspendu.
   Dieu vole sur les vents, sur les ailes des Anges,
     Qui chantent ses louanges.

13. 14.  La sombre nue arrive et forme dans les airs
15.  L'effrayant tabernacle où ses traits sont couverts;
Mais le rideau s'entrouvre à l'éclat de sa face;
Le feu brille, il répand le soufre avec la glace;
Le Seigneur a tonné; tout est au firmament
           Dans l'épouvantement.

16. 17.  Le ciel est tout en feu, la nature est frappée;
18.  De tous mes ennemis la horde est dissipée;
Et des torrents de grêle avec un grand fracas,
Bouleversent la terre aux vallons les plus bas :
L'abîme en frémissant au signe de sa tête,
           A vomi la tempête.

19. 20.  Mais Dieu fait luire au ciel ses rayons les plus beaux;
21.  Il me sauve, il m'enlève au flot des grandes eaux.
Il m'a donné la main sur la bruyante rive
Où la vague sans cesse avec fureur arrive.
Dieu perdra le méchant qui méditait ma mort;
           N'est-il pas le Dieu Fort?

22. 23.  Mon âme était de deuil et d'angoisse abreuvée;
24.  L'ennemi triomphait; le Seigneur l'a sauvée.
Le Tout-Puissant a mis mon salut au grand jour;
Dans sa miséricorde il m'ouvre son amour.
Je me purifierai par un saint sacrifice;
           Dieu me rendra justice.

25. 26.  Parce que j'ai toujours suivi vos droits chemins,
27.  Et que le mal jamais n'est sorti de mes mains.
Ses jugements seront le but de ma science;
Obéir à ses lois, telle est ma conscience :
Je veux vivre par lui, loin de l'iniquité,
           Vivre en sa pureté.

28.  Mon Dieu reconnaîtra la bonté de ma cause;
Revêtu d'innocence, en lui je me repose.

Comme ils sont, vous traitez, Seigneur, tous les humains
Avec les justes juste, et saint avec les saints.
De vous chacun, selon ses efforts, sa semence,
Reçoit sa récompense.

29.  Le pur sème le bien, il a la pureté;
Le méchant fait le mal, il a l'iniquité;
Dieu réserve à chacun sa propre récompense.
Tout homme dans son âme accumule un trésor;
S'il n'y met que du plomb, trouvera-t-il de l'or?
Il aura sa semence.

30. 31.  Vous sauverez, Seigneur, le pauvre et l'innocent,
32.  Et vous humilierez les yeux de l'arrogant.
Vous mettrez en mon cœur une fervente flamme,
Qui de ses purs rayons éclairera mon âme.
Mon ennemi mourra, grâce à vous, sous ma main;
Mon triomphe est certain.

33.  Chéris de l'innocent, ignorés des coupables,
Les chemins de mon Dieu sont purs, irréprochables
Le Verbe, de sa bouche, a passé par le feu;
Il est le protecteur de celui qui craint Dieu.
Où trouver hors de lui tant de magnificence,
De force et de puissance?

35. 36.  C'est lui qui dans mon âme engendre la vertu;
37.  Il me la communique, il m'en a revêtu.
Grâces à lui, du cerf je devance la trace;
Sur les lieux les plus hauts de sa main il me place;
Ainsi qu'un arc d'airain il a roidi mon bras
Instruit pour les combats.

38. 39.  Vous donnez à mes pas, Seigneur, votre assistance,
40.  Votre main m'a fait part de sa toute-puissance,
Votre correction me guide en vos chemins;
Elle me conduira vers vos célestes fins.

Vous rendez, sous vos yeux, ma marche plus légère,
      Votre voix l'accélère.

41. 42.   Je poursuivrai partout mes cruels ennemis
  43.    Et ne reviendrai pas qu'ils n'aient été soumis.
     Je les tiens, les abats et plus prompt que la foudre,
     Je les brise à mes pieds, les voilà dans la poudre.
     Vous m'avez ceint de force et le prix des combats
        Me vient de votre bras.

44. 45.   Dieu frappe, et sur-le-champ l'ennemi prend la fuite ;
  46.    L'espoir de son trépas m'anime à sa poursuite ;
     Il a crié : Pour lui point de libérateur ;
     Il implore en vain Dieu, j'ai pour moi le Seigneur.
     Je le disperserai comme le vent des nues,
        La poussière des rues.

47. 48.   Vous m'avez délivré des contradictions ;
  49.    Vous m'établirez roi parmi les nations.
     Un peuple tout nouveau fidèle à ma puissance
     Est venu se ranger sous mon obéissance.
     Mes rebelles enfants, foulant aux pieds leur foi,
        Ont menti contre moi.

50. 51.   Vive le Tout-Puissant, le béni de mon âme !
     Vive à jamais le Dieu qui m'éclaire et m'enflamme !
     Son bras m'a délivré de tous mes ennemis ;
     Sous mes pieds triomphants son courroux les a mis.
     Des cruels oppresseurs qui me faisaient outrage,
        Il a trompé la rage.

52. 53.   Délivré du fléau des insurrections,
  54.    Je célèbre à jamais vos bénédictions.
     Devant tout l'univers, Seigneur je vous rends grâce
     Des bienfaits prodigués à mon Christ, à ma race.
     Je vous glorifierai dans ma postérité,
        Pendant l'éternité.

# Psaume XVIII.

## LA GLOIRE DE DIEU.

1.
Seigneur, votre magnificence
Brille dans toute sa puissance,
Lorsque les astres radieux
Scintillent dans l'azur des cieux.

2.
Un murmure plein de mystère
Semble s'élever de la terre.
Le jour le dit au jour ; la nuit
Le parle au firmament qui luit.

3. 4.
Du haut des monts jusqu'à l'abîme,
Tout redit ce Verbe sublime ;
Il se fait entendre en tout lieu,
Dans le temple infini de Dieu.

5.
On lit ce Verbe en la lumière
Du soleil pendant sa carrière.
Sortant en feu de l'Océan,
Il se lève comme un géant ;

6.
Glorifiant Dieu qu'il adore,
Il part des bornes de l'aurore,
Et s'élance au milieu des cieux,
Pour tout féconder de ses feux.

Au bout de sa course rapide,
Il viendra s'abîmer splendide
Dans les flots d'or de son couchant :
Demain il redira son chant.

7.      Telle règne, et cent fois plus belle,
La loi que suit un cœur fidèle;
Loi qui donne l'humilité,
La sagesse et la pureté.

8.      Sainte, elle convertit les âmes,
Chaste, de ses plus vives flammes,
Elle leur fait sentir l'ardeur.
Pour les ravir dans le Seigneur.

9.      La loi de Dieu donne la crainte
Qui, toujours bienfaisante et sainte,
Fait éclore les bons desseins;
Elle nous mène aux droits chemins.

10.      Venant d'un esprit ineffable,
Son Verbe est toujours adorable.
Sa justice est la vérité;
Dieu par lui-même est équité.

11.      Sa loi me charme, elle me touche
Plus que l'or le plus précieux;
Elle est au cœur, comme à la bouche,
Le miel le plus délicieux.

12.      Je la conserve en ma mémoire;
Je la pratique, et dans la gloire
Elle accorde à mes vœux ardents
Les trésors les plus abondants.

13.      Avec une loi tant aimable,
Comprend-on qu'un cœur soit coupable?
Seigneur, de mon iniquité,
Sauvez-moi pour l'éternité.

14.      De votre robe immaculée
Revêtez-moi dans l'assemblée,
Pour que le superbe sur moi
Ne fasse plus peser sa loi.

15.  Alors se fermera l'abîme
Qu'avait sous moi creusé mon crime;
Alors, paré de ma candeur,
Je régnerai dans le bonheur.

16.  Les cieux célèbrent votre gloire :
Il est encor plus beau de croire
Seigneur, en votre vérité
Qui donne l'immortalité.

# Psaume XIX.

## LE SALUT DU ROI.

1.
Au jour des douleurs, des revers,
Dont nous menacent les pervers,
O mon Dieu, que votre puissance
Protége notre obéissance !

2.
Que le Protecteur d'Israel,
De son sanctuaire éternel,
Daigne sur nous jeter la vue !
Que notre voix soit entendue !

3.
Que le Miséricordieux
Fasse passer devant ses yeux
Le prix de notre sacrifice?
Que sa bonté nous soit propice ?

4.
Que, nous délivrant à jamais,
Il accomplisse nos souhaits?
Qu'il accorde à notre vaillance
Les hauts faits, dons de sa puissance !

5.
Dans l'espoir de notre salut,
Votre gloire, tel est le but,
Que se proposera notre âme ;
Déployons le saint oriflamme.

6.
Que Dieu remplisse tous nos vœux !
Il entendra du haut des cieux
Son Christ, qu'au droit chemin il guide ;
La victoire en ses mains réside.

8.
Sur nous fondant de toutes parts,
Dans ses coursiers et dans ses chars,
L'ennemi met son espérance ;
Nous, Seigneur, dans votre puissance.

9.
Sous nos coups il a succombé ;
Son orgueil enfin est tombé ;
A nous qui chantons votre gloire,
A nous appartient la victoire.

10.
Seigneur mon Dieu, sauvez le Roi ?
Des ennemis délivrez-moi ;
Daignez exaucer ma prière,
Qnand je gémirai sur la terre.

# Psaume XX.

## CHANT DE TRIOMPHE.

1.
Par vous l'auteur de sa victoire ,
Le Roi triomphe dans la gloire ;
Il atteindra son noble but ,
Dieu puissant, dans votre salut.

2.
Vous lui donnez votre allégresse
Suivant le désir de son cœur ;
Vous le comblez avec largesse
De biens, de vertu, de bonheur.

3.
L'abondance délicieuse
De votre bénédiction
Sera de sa soumission
La récompense précieuse.

Les diamants enrichiront
Le pur, l'éclatant diadème
Dont votre clémence suprême
Aux yeux de tous, orne son front.

4. 5.
Il vous a demandé la vie;
Vous avez comblé son envie;
Vous l'avez pour l'éternité
Revêtu de votre beauté.

6.
Ses regards, rayonnant de grâce
Réfléchiront votre clarté;
Et dans votre divinité
Vous contempleront face à face.

7.         Le Roi chérira le Seigneur ;
Inébranlable en sa douceur,
Il fondera son espérance
Sur son amour, sur sa puissance.

8. 9.     Tous vos perfides ennemis
A votre bras seront soumis ;
Vous les condamnerez aux flammes ;
Le feu dévorera leurs âmes.

10.     Votre seule apparition
Deviendra leur perdition ;
Seigneur, votre juste vengeance
Détruira leurs champs , leur semence.

11. 12.   Le mal, ils vous l'ont rejeté ;
Mais leurs desseins ont avorté.
Qu'ils redoutent votre poursuite ;
Vous précipiterez leur fuite.

13.     Ces contempteurs de vos bienfaits
Vont tous succomber sous vos traits.
Levez-vous, Seigneur ; dans la gloire
Nous chanterons votre victoire.

# Psaume XXI.



1. 2. Mon Dieu! mon Dieu! pourquoi m'avoir abandonné?
Quand, touché de mes cris, m'aurez-vous pardonné?
A chaque instant je vous supplie.
Mon Dieu, je vous invoque et vous n'écoutez pas ;
Le jour, la nuit, partout je m'attache à vos pas,
Qui peut me taxer de folie ?

3. 4. Et cependant, Seigneur, qui régnez au lieu saint,
La gloire d'Israël est dans votre dessein;
Telle est sa solide espérance.
Nos pères en leur cœur avaient la vive foi
Qu'inspirent votre esprit, vos œuvres, votre loi;
Ils obtinrent leur délivrance.

5. 6. Ils ont crié vers vous ; vous les avez sauvés ;
Suivant leur doux espoir, Dieu les a conservés.
Pour moi, je suis un ver de terre;
Aux yeux du peuple entier, je n'ai plus rien d'humain;
L'homme sourit, l'enfant déverse son dédain
Sur mon opprobre et ma misère.

7. 8. La vile populace en mots injurieux
Se déchaîne, et se porte à des faits odieux;
De vin, de fureur elle est ivre.
En secouant la tête en signe de terreur,
La folle foule dit : « S'il est son protecteur,
» Que Dieu descende et le délivre ! »

9. 10. Et cependant c'est vous à qui je dois le jour ;
Dès le sein de ma mère, à vous fut mon amour,
    A vous le fruit de ses entrailles :
D'elle je vins à vous ; je vous donnai ma foi.
Dans vos bras paternels, mon Dieu, réservez-moi
    Pour de célestes fiançailles.

11. 12. Voici venir pour moi l'heure de la douleur ;
Et personne ne veut soulager mon malheur.
    D'horreur la foule est frémissante ;
Je suis environné de mugissants taureaux.
Ils vont me déchirer ainsi que des bourreaux
    Des dents de leur gueule béante,

13. 14. Ils veulent me broyer, comme font les lions
  15. De la brebis vouée aux immolations.
    Mon cœur fond comme au feu la cire ;
Tout mon sang va couler ainsi que l'eau du ciel ;
Tous mes os ont perdu leur ressort naturel ;
    Je suis dans un affreux délire.

16. 17. Comme l'argile au feu ma vigueur a séché ;
Mon palais brûlant s'est à ma langue attaché.
    En tous lieux la meute affamée
De leurs chiens dévorants, aboyant contre moi,
Me chasse au tribunal qui va juger ma foi,
    Sous l'effroi d'une foule armée.

18. 19. Ils ont percé mes mains, ils ont percé mes piés ;
Ils ont compté mes os qu'ils ont crucifiés ;
    De ces méchants la tourbe inique
Se réjouit, et vient au moment de ma mort,
Partager mes habits, interroger le sort
    Pour décider de ma tunique.

20. 21. Mais, vous, Seigneur mon Dieu, venez, protégez-moi ?
N'êtes-vous pas mon Dieu ? N'avez-vous pas ma foi ?
    Sauvez mon âme de l'épée !

Dispersez devant vous mes cruels ennemis;
Retirez-moi du piége où leur fureur m'a mis,
Détruisez leur force usurpée.

22. 23. Venez, délivrez-moi des cornes des taureaux,
De la dent des lions, du glaive des bourreaux;
Seigneur, exaucez-mes prières!
Et bientôt dans Sion, mon luth harmonieux
Exaltera mon Dieu jusqu'au plus haut des cieux,
Dans l'assemblée où sont mes frères.

24. 26. Célébrez Jéhovah, vous, les fils d'Israel;
Glorifiez sans cesse, adorez l'Eternel.
Du Seigneur la féconde crainte
Engendrera pour moi sa suave douceur;
Le pauvre connaîtra sa bonté, sa grandeur
Qui ne dédaigne pas sa plainte.

27. 28. Dans votre vaste Eglise, ô mon Dieu je dirai
Votre immense pouvoir; Seigneur je vous louerai.
En vous mon âme s'extasie.
Les pauvres, affamés du pain de l'équité;
Seront par vous nourris, durant l'éternité,
De la manne qui rassasie.

30. 31. Il va briller le jour où toute nation
Viendra rendre au Seigneur son adoration,
Au Seigneur seul roi de ce monde.
C'est au Dieu tout-puissant qu'il convient de trôner;
A genoux donc! Lui seul doit partout dominer
Par sa charité qui féconde.

32. 33. Tous les grands de la terre ensemble adoreront
Le Seigneur, en rompant le pain qu'ils mangeront
Dans la paix et dans l'allégresse.
Mon cœur pour mon Dieu seul toujours palpitera,
Et, du père aux enfants, mon sang le servira
A Sion, partout et sans cesse.

34. Une race viendra qui, fidèle au Seigneur,
Suivra ses saintes lois pour puiser le bonheur
        Dans les trésors de sa tendresse.
Jéhovah régnera sur sa postérité,
Qui verra dans le ciel le Dieu de vérité
        Brillant de gloire et de sagesse.

Cambrai. — Typ. de P. LEVÈQUE, dirigée par A.-E. Rochette.